BEAR BOOK

김은영 글

서울대학교 자연과학부에서 지구시스템과학을 전공하고 동대학원에서 고생물학을 공부했습니다.
과학을 쉽고 재미있게 전달하기 위해 글을 쓰고 번역하는 한편, 재미있는 과학책을 만드는 편집자로 일하고 있습니다.

이주미 그림

시각 디자인을 전공하고 일러스트레이터 겸 그림책 작가로 활동하고 있습니다.
2013년 나미 콩쿠르, 2014년 앤서니 브라운 그림책 공모전, 2015년 한국 안데르센상 출판 미술 부문에서 수상했습니다.
그린 책으로『에이아이 내니』,『돌아갈 수 있을까?』,『북극곰이 녹아요』 등이, 쓰고 그린 책으로『옳은손 길들이기』,
『네가 크면 말이야』,『숲』이 있습니다.

베어북 : 사라져 가는 야생 곰 이야기

김은영 글 | 이주미 그림

1판 1쇄 펴낸날 2022년 6월 29일

펴낸이 정종호 | 펴낸곳 (주)청어람미디어(청어람아이)
편집 박세희 | 마케팅 이주은, 강유은 | 디자인 이원우
제작·관리 정수진 | 인쇄·제본 (주)에스제이피앤비
등록 1998년 12월 8일 제22-1469호
주소 03908 서울시 마포구 월드컵북로 375, 402호
전화 02-3143-4006~8 | 팩스 02-3143-4003

© 김은영, 이주미 2022

ISBN 979-11-5871-202-0 73490

BEAR BOOK
사라져 가는 야생 곰 이야기

김은영 글 · 이주미 그림

청어람아이

곰을 지키기 위해 우리의 노력이 필요해요

여러분은 곰을 좋아하나요?

저는 곰을 아주 좋아해요. 동글동글한 얼굴에 역시 동글동글한 귀, 마찬가지로 동글동글한 몸,

작은 눈에 크고 둥근 입까지. 저와 여러분 대부분이 떠올리는 곰은 아주 귀엽고 사랑스러운 친구예요.

세계 곳곳에는 곰과 사람이 얼마나 가까웠는지 알려 주는 수많은 전설과 기록이 남아 있어요.

구석기 시대 사람들은 곰과 함께 산 흔적을 동굴 벽화에 남겼어요.

우리나라 단군 신화에는 백 일 동안 쑥과 마늘만 먹고 사람이 된 곰의 이야기가 나오지요.

큰곰자리의 북두칠성과 작은곰자리의 북극성은 지구 어디에서나 북쪽을 알 수 있는 표시예요.

유럽의 역사에는 곰을 가문이나 왕조의 대표로 삼은 이들이 아주 많고요.

이처럼 곰은 아주 오랜 세월 동안 사람의 친구이자 영웅의 표시였어요.

지금은 모두가 사랑하는 캐릭터나 동화책 주인공으로 활약하고 있지요.

이 책을 쓰면서 전 세계의 귀여운 곰 친구들을 만났어요.

우리 땅에 살고 있는 반달가슴곰, 연어를 좋아하는 불곰, 귀여운 대왕판다,

그리고 또 우리가 몰랐던 열대 지역의 여러 곰이 주인공이지요.

제가 그랬듯이 여러분도 가장 빨리 달리는 곰, 수영 선수 곰,

정말 오래 자는 곰, 엄청나게 많이 먹는 곰 등

귀엽고 멋진 곰의 세계를 살펴보게 될 거예요.

곰 이야기는 즐겁고 귀엽지만은 않아요.

지금 곰은 사람에게 밀려 살 곳도, 먹이도 잃고 있거든요.

그런 곰의 이야기는 조금 슬플 거예요.

하지만 슬프다고 해서 모른 척하거나 잊어 버리지 않길 바라요.

곰에게 닥친 위험은 우리가 사는 지구와 우리에게 닥친 위험이기도 하거든요.

그 이유는 책을 읽다 보면 알 수 있을 거예요.

다시 한번 물어볼게요. 여러분은 곰을 좋아하나요?

곰을 좋아한다면, 이 책을 읽고 곰을 더 좋아하게 되면 좋겠어요.

곰을 좋아하지 않는다면, 곰에 대해 조금이라도 호기심을 가졌으면 좋겠어요.

무엇보다 곰을 좋아하는 친구도, 좋아하지 않는 친구도

곰을 도울 방법을 한 가지씩 생각해 준다면 정말 기쁠 거예요.

김은영

차례
BEAR BOOK

세계에 사는 곰을 만나요

곰은 전 세계 곳곳에 퍼져 살고 있어요. 남극과 오스트레일리아,
아프리카를 제외한 모든 대륙에 곰이 살고 있지요.
곰은 크게 여덟 종류로 나뉘어요.

그린란드

북극곰

온몸이 하얗게 보이는
곰으로 북극해 주변에서
살아요. 대륙이 없는
곳이기 때문에 얼음
위에서 살지요.

불곰

갈색 털이 특징인 커다란
곰이에요. 아메리카와 유라시아
대륙에 널리 퍼져 살아요.

북아메리카

아메리카흑곰

이름처럼 북아메리카 대륙에서만
살아요. 털이 검은색이나
회색이랍니다.

안경곰

눈 주변에 흰 털이 마치 안경처럼
둥글게 자라나 있어요. 남아메리카
대륙에서만 살아요.

남아메리카

아시아흑곰
아시아에서만 사는 흑곰으로 아메리카흑곰과
생김새가 비슷해요. 반달가슴곰이 여기 속해요.

유럽

아시아

대왕판다
중국 내륙에만 사는 곰으로
희고 검어요. 수가 매우 적기
때문에 보호 받고 있어요.

아프리카

느림보곰
인도 대륙과
그 주변에서 살아요.
아시아흑곰과 비슷하지만
주둥이가 조금 더 길답니다.

말레이곰
동남아시아에 살며
태양곰이라고도 불러요.
가슴의 황갈색 털과
긴 혀가 특징이에요.

오세아니아

9

우리나라에는 어떤 곰이 있을까요?

북한에는 또 다른 곰이 있어요. 불곰의 한 종류인 관모봉큰곰이지요.
우수리불곰이라고도 불러요. 함경북도의 1,500미터가 넘는 높은 산속에서 살고 있답니다.
관모봉큰곰 역시 반달가슴곰처럼 수가 적고 살아가는 곳도 줄어들고 있기 때문에,
북한에서는 천연기념물로 지정해 보호하고 있어요.

관모봉

관모봉큰곰은 반달가슴곰보다 훨씬 커요.

10

우리나라에는 한 종류의 곰만 살고 있어요

천연기념물 제329호로 지정된 반달가슴곰이에요. 아시아흑곰의 한 종류로, 우리나라를 포함한 동아시아 여러 나라에 살고 있어요. 한때는 우리나라 곳곳에서 쉽게 볼 수 있었지만 지금은 소백산맥을 중심으로 몇몇 산에만 살아요. 특히 지리산 반달가슴곰이 유명하지요.

소백산

가야산

덕유산

지리산

우표에서 만난 반달가슴곰과 불곰

2020년에 우리나라와 러시아가 국교를 맺은 지 30년이 된 것을 기념해 두 곰이 나란히 등장하는 우표가 나왔어요.

11

귀는 크고 둥글어요.
청각이 매우 발달해서
아주 작은 소리도 금세
알아차려요.

가슴에는 커다란
V 모양의 흰색 털이
나 있어요.
이 모양 때문에
'반달가슴'이라는
이름이 붙었답니다.

흰하게 넓은 이마 밑에
눈이 있어요. 얼굴
크기에 비하면 눈이
작은 편이에요. 시력도
좋지 않답니다.

눈과 목 사이에
부숭부숭한 털이 길게
자라 있어요.

반달가슴곰은 다 크면
160~180센티미터까지 자라요.
키가 사람 어른만 하지요.
하지만 몸집은 사람보다 훨씬 커요.
몸무게가 무려 200킬로그램 이상
나간답니다.

불곰이나 회색곰 같은
육식 곰들은 발톱으로
먹잇감을 잡고 찢을 수
있답니다.

털 색깔은 윤기가 자르르
도는 검은색이에요.
숲속 나무줄기 사이에
몸을 숨기기 좋지요.

발바닥은 사람 발바닥과 비슷하게 생겼지만 그보다
넓적해요. 날카로운 발톱은 흙을 파헤쳐 먹이를 찾을 때는
물론, 나무를 타거나 나무 껍데기를 긁어 영역을 표시할
때도 아주 유용해요.

12

곰의 몸은 이렇게 생겼어요

곰은 네 발로 움직이는 거대한 포유류예요. 포유류는 새끼를 낳고 젖을 먹여 키우는 동물을 말하지요. 곰의 종류마다 몸의 크기와 털 색깔, 얼굴 모양이 조금씩 달라요. 우리나라에 사는 반달가슴곰의 몸으로 곰의 생김새를 함께 알아봐요.

얼굴이 앞으로 긴 편이에요. 특히 코가 툭 튀어나와 있지요. **후각이 아주 뛰어나서** 맛있는 과일이나 땅속에 묻힌 도토리를 쉽게 찾아낼 수 있어요.

입은 코밑에 있어요. 단단한 열매를 잘 씹고 갈 수 있도록 어금니가 넓적하게 발달했답니다.

육식 곰들은 먹잇감을 찢고 뜯을 수 있도록 송곳니가 발달했어요.

꼬리는 4센티미터 정도로 매우 짧아요. 거의 보이지 않을 정도예요.

다리 길이는 20~24센티미터 정도로 몸에 비해 굉장히 짧아요. 하지만 튼튼한 근육이 발달해 몸을 잘 지탱해요. 특히 앞다리가 더 강력해서 나무나 산을 오를 때 큰 힘을 낼 수 있답니다.

내가 최곰! 곰 기네스 대회

곰마다 특징이 모두 달라요. 어떤 곰은 매우 빠르고, 어떤 곰은 매우 크고, 어떤 곰은 매우 잘 먹어요.
세계 최고 기록을 뽐내는 곰들을 살펴봐요.

내가 가장 작은 곰

말레이곰은 곰 중에서 가장 몸집이 작아요.
다 자란 수컷의 몸길이는 120센티미터 정도로
초등학생의 키만 하답니다.

내가 가장 큰 곰

북극곰은 곰 중에서 가장 몸집이 커요.
다 자란 수컷의 몸길이는 최대 330센티미터나 된답니다.
우뚝 서면 사람의 두 배 정도 크지요.

내가 가장 빠른 곰

불곰은 곰 중에서 가장 빨라요.
시속 55~60킬로미터로
달릴 수 있답니다.
육상 세계 신기록을
세운 우사인 볼트보다
거의 두 배나 빠른
속도예요.

내가 가장 오래 산 곰

야생에서 가장 오래 산 곰은 미국 미네소타주에
살던 아메리카흑곰이에요. 일곱 살 때인 1981년에
연구자들이 잡아 유전자로 나이를 확인했지요.
연구자들이 '56번 곰'이라고 부르던
이 암컷 곰은 2013년에 39살
6개월의 나이로 세상을
떠났어요.

내가 가장 긴 꼬리 곰

느림보곰의 꼬리는 약 6~7센티미터예요.
다른 포유류에 비하면 짧은 편이지만
곰 중에서는 가장 길답니다. 두 번째로
꼬리가 긴 곰은 대왕판다예요.

북극곰은 가장 수영을
잘 해요. 바닷속을
땅 위처럼 누비고
다녀요.

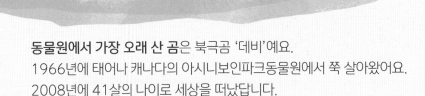

동물원에서 가장 오래 산 곰은 북극곰 '데비'예요.
1966년에 태어나 캐나다의 아시니보인파크동물원에서 쭉 살아왔어요.
2008년에 41살의 나이로 세상을 떠났답니다.

곰은 정말로
꿀을 좋아할까요?

동화 『위니 더 푸우』와 디즈니 애니메이션으로 유명한 곰 캐릭터 '푸우'는
꿀을 무척 좋아해요. 그런데 곰은 정말로 꿀을 좋아할까요?
놀랍게도 곰은 모두 꿀을 좋아해요! 꿀 때문에 충치가 생기는 곰들도 있답니다.
하지만 곰마다 가장 좋아하는 먹이는 달라요.

열대우림에 사는 곰들은 꿀을 매우 좋아해요

말레이곰도 꿀을 좋아하는 곰이에요.
긴 발톱으로 벌통을 부순 뒤 긴 혀로
벌통의 꿀을 쏙쏙 빼먹는답니다.

느림보곰은 정말로 꿀을 좋아해요!
'꿀곰'이라는 별명도 붙어 있답니다.
느릿느릿하게 움직이며 벌통을 찾곤 하지요.

둘 다 꿀이 없을 땐 곤충을 먹어요.
특히 흰개미를 좋아해요.

잡식이지만 주로 풀만 먹고 사는 곰도 있어요

흑곰은 산에서 나는 거라면 뭐든 좋아하는 잡식성이에요. 주로 풀과 열매, 나무뿌리를 먹지만 영양이 필요할 땐 곤충도 마구 잡아먹어요.

판다는 여덟 종류 중에 유일하게 채식만 해요. 하루 종일 대나무를 씹지요.

특별히 고기를 좋아하는 곰도 있어요

불곰은 풀이나 열매보다 고기를 더 많이 먹어요. 호수와 강에서 사는 물고기나 조개를 좋아해요. 겨울철이 되면 불곰은 신나게 연어를 사냥해요. 하루에 열다섯 마리씩 먹곤 해요.

불곰의 한 종류인 **회색곰**은 완벽한 육식 동물이에요. 사슴 같은 초식 동물은 물론 늑대 같은 육식 동물도 거침없이 잡아먹어요. 심지어 같은 곰인 아메리카흑곰도 먹이로 삼는답니다.

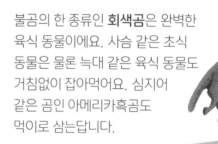

북극곰도 거의 육식만 해요. 가장 좋아하는 먹잇감이 바다표범이에요. 얼음에 동그랗게 구멍을 파고 가만히 기다리고 있다가, 바다표범이 숨을 쉬기 위해 구멍 위로 몸을 내민 순간 잽싸게 낚아챈답니다.

판다는 왜 대나무만 먹을까요?

대왕판다는 중국 쓰촨성과 티베트 고원지대에서만 살아요. 귀여운 생김새와 느릿한 동작으로 많은 사랑을 받고 있지요. 특이하게도 대나무만 먹고 사는 걸로도 유명해요.

판다의 털은 흰색과 검은색으로 나뉘어 있어요. 얼굴은 하얗지만 눈 주변과 귀는 검답니다.
몸집은 그리 크지 않아요. 다 자란 판다의 몸길이는 120~180센티미터예요. 수컷과 암컷의 몸 크기는 비슷해요.

판다는 자연 상태에서는 20년, 사람의 도움을 받으면 30년까지 살 수 있어요. 현재 지구에 있는 판다는 모두 사람의 돌봄을 받고 있답니다.

판다가 하루에 먹는 대나무 양은 무려 9~14킬로그램이에요. 원래 판다는 고기를 먹을 수 있는 종류였지만, 살아가는 곳의 환경에 맞춰 대나무만 먹어도 살 수 있도록 진화했어요.

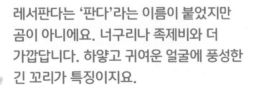

레서판다는 '판다'라는 이름이 붙었지만 곰이 아니에요. 너구리나 족제비와 더 가깝답니다. 하얗고 귀여운 얼굴에 풍성한 긴 꼬리가 특징이지요.

판다라는 이름은 네팔어에서 따온 거예요. '대나무를 먹는 것' 이라는 뜻이에요.

판다의 가짜 엄지발가락

판다의 앞발에는 여섯 개의 발가락이 있어요. 여섯 번째 발가락은 마치 사람의 엄지처럼 따로 움직일 수 있어요. 판다는 이 '엄지'와 나머지 다섯 발가락을 이용해 대나무를 꼭 잡을 수 있답니다.

새끼 판다 성장기

암컷 판다는 4살이 되면 새끼를 낳을 수 있어요. 일 년에 한 번 짝짓기를 하고, 한 번에 1~2마리씩 새끼를 낳아요. 자연에서 2마리를 낳을 경우 1마리만 키우는 습성이 있답니다.

0~6일 겨우 15~17센티미터로 사람 손바닥 위에 올라갈 정도로 작아요. 아직 털이 나지 않아 온몸이 분홍색을 띠지요.

7~14일

조금씩 털이 나기 시작해요. 재미있게도 처음부터 검은색과 흰색 부분이 분명하게 나눠져 있지요.

30일 이후

눈을 뜨고 그럭저럭 판다와 비슷한 모습을 갖춰요. 태어난 지 80일은 되어야 기어다닐 수 있어요.

180일 이후

어른 판다와 비슷한 모습이 되어요. 이제 대나무를 조금씩 먹고 뒹굴뒹굴 놀 수도 있답니다.

북극곰은 왜 얼음 위에서 살까요?

북극곰은 위도가 높고 아주 추운 북극해에서 살아요.
얼음과 눈 사이에 몸을 숨기고 먹잇감을 찾을 수 있도록 진화했지요.

북극 지역은 영하 40도까지 내려가는 추위와 시속 120킬로미터
강풍이 부는 험난한 곳이에요. 북극곰은 이런 환경에서 살아남을
수 있도록 진화했어요. 피부밑에 지방을 보존해 힘든 겨울을 나고,
빽빽한 털로 몸을 덮어 체온을 유지하지요. 또 하얀 눈과 얼음만
있는 환경에 맞춰 몸이 하얗게 변했답니다.

북극곰은 수컷이 암컷의 두 배 정도 크고,
수명도 조금 더 길어요. 북극곰의 수명은
20~30년 사이예요.

20

북극곰은 대부분 물속에서
시간을 보내요. 물에 들어가면
1시간씩 헤엄치고, 2분 이상
숨을 참을 수도 있어요. 그래서
고래, 돌고래, 바다표범 같은
해양 포유류로 분류된답니다.
곰 중에서 유일해요.

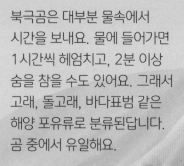

북극곰의 하얀 털은 사실 **투명**해요.
속에 들어 있는 공기에 빛이
산란되어서 하얗게 보이는
거랍니다. 산란은 빛이 여러
방향으로 복잡하게 반사되는
걸 말해요. 재미있게도 털 밑에
있는 피부는 검은색이에요!

암컷은 4살이 되면 새끼를
낳을 수 있게 되어요.
4~5월에 짝짓기를 해서
11~2월에 1~2마리의
새끼를 낳지요.

북극곰은 다른 곰처럼
굴을 파서 새끼를 낳아요.
눈과 얼음을 파서 만든
눈 동굴 안은 바깥보다
포근하고 따뜻해요.

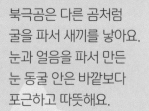

새끼 북극곰은 눈처럼
하얗지만, 클수록 조금씩
노르스름한 색이 돌아요.

아무도 몰랐던 곰의 비밀

곰은 대부분 사람이 들어가기 힘든 깊은 숲이나 산속에서 살아요.
우리가 가까이서 보는 곰은 동물원의 인공적인 환경에 맞춰 살지요.
그래서 자연에서 살아가는 곰의 진짜 모습은 제대로 알지 못하는 경우가 많아요.

곰의 세상으로 깊숙이 들어가 볼까요?

곰은 언제부터 우리 곁에서 살았을까요?

곰은 육식을 하는 포유류인 **식육목**에 속해요. 식육목은 곰뿐만 아니라 개, 고양잇과도 포함하는 커다란 무리예요.
곰의 조상은 약 2400만 년 전에 나타났답니다. 그리고 오랜 시간에 걸쳐 지금과 같이 여러 종류로 나뉘었지요.

불곰　　　　북극곰　　　　아시아흑곰　　　　아메리카흑곰　　　　말레이곰　　　　느림보곰

북극곰은 불곰과 가장
가까워요. 아메리카와
유라시아 대륙의
북쪽에 살던 불곰들이
북극의 환경에
적응하면서 북극곰으로
진화했답니다.

안경곰　　　　대왕판다　　　　너구리　　　　레서판다

안경곰 역시 대왕판다처럼 오래전에
갈라져 나온 **독립적인 곰**이에요.
남아메리카의 좁은 지역에
모여 살고 있지요.

대왕판다는 오래전에 곰의 조상으로부터
갈라져 나왔어요. 대왕판다는 레서판다와
함께 한때 너구리로 분류되었지만 유전자
검사 결과 곰의 한 종류로 밝혀졌답니다.

곰과 가장 가까운 동물은
너구리예요. 레서판다도 곰이
아니라 너구리와 가깝답니다.

구석기 시대에 사라진 곰이 있다?

불곰과 북극곰은 구석기 시대에 살았던 동굴곰의 후손이에요.
동굴곰은 몸무게가 최대 600킬로그램이나 나가던 커다란 곰으로,
이름 그대로 동굴 안에서 살았어요. 약 7만 년 전부터
유럽 전 지역에서 살았던 동굴곰은 구석기 시대 사람들에게
친숙한 동물이었어요. 유럽의 동굴에서는
다양한 크기의 동굴곰 뼈가 발견되고
있어요.

프랑스 쇼베 동굴에는 약 3만 5000년 전에
그려진 동굴곰 벽화가 남아 있어요.
하지만 사람들에게 동굴을 빼앗기고
기후 변화에 적응하지 못한 탓에
약 2만 4000년 전에 모두
멸종하고 말았어요.

곰은 정말 느릿느릿하게 움직일까요?

커다란 덩치와 동글동글한 몸 때문에 곰이 느릿느릿 움직일 거라는 생각을 하기 쉬워요. 판다처럼 하루 종일 뒹굴뒹굴대며 게으름을 피우는 곰을 보면 더더욱 그렇지요. 하지만 곰은 의외로 잽싸고 재주가 많은 동물이랍니다.

빨리 달려요!

가장 빠른 곰인 불곰뿐만 아니라 곰은 대부분 발이 빨라요.

곰의 평균 속도를 보면 사람과 맞먹는답니다.

헤엄을 쳐요!

북극곰은 수영 선수예요. 육지에 살지만 물가에 있는 곰들도 수영을 할 수 있어요. 아메리카 대륙에 사는 불곰이나 흑곰은 수영을 해서 호수를 건너곤 한답니다. 북극곰과 달리 물속에서 숨을 오래 참을 수 없기 때문에 코를 물 위로 내밀고 다리를 휘저어 헤엄쳐요.

나무를 타요!

숲속에 사는 곰은 거의
나무 타기 선수예요.
어린 시절부터 날래게 나무에
올라 나뭇가지에서 휴식을
취하거나 주변을 관찰해요.
야생 곰이 많이 사는 곳에서는
곰들이 주렁주렁 달린 나무도
쉽게 찾아볼 수 있어요.
열대우림에 사는 말레이곰과
태양곰, 느림보곰도 나무를
아주 좋아하지요.

두 발로 서요!

불곰은 두 발로 서서 마치
춤을 추듯 나무에 등을
비벼요. 자신의 냄새를 나무
기둥에 묻혀 영역을 표시하기
위해서랍니다. 앞발로 나무를
긁어서 연한 속살을 파먹기도
해요.

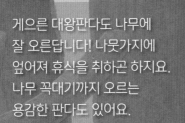

게으른 대왕판다도 나무에
잘 오른답니다! 나뭇가지에
엎어져 휴식을 취하곤 하지요.
나무 꼭대기까지 오르는
용감한 판다도 있어요.

27

곰은 겨울잠을 자는 동안 한 번도 안 깰까요?

곰이 깊은 겨울잠을 자는 시기가 찾아왔어요. 땅에는 하얀 눈이 소복하게 쌓였고 굴속에서는 조용한 숨소리만 들려와요.
보통 곰이 겨울잠에 드는 시기는 12월 중순에서 1월 중순까지예요. 긴 잠을 자는 곰은 어떻게 그 긴 시간을 버틸까요?
겨울잠을 준비할 때부터 다시 깨어날 때까지 반달가슴곰이 하는 일을 살펴봐요.

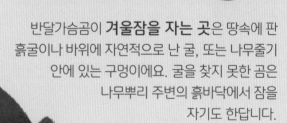

겨울잠을 자기 전, 반달가슴곰은 하루 종일 먹이를 먹어요. 도토리와 밤을 한가득 씹고, 머루나 다래 같은 과일도 열심히 따 먹어요. 몸무게가 평소의 30퍼센트나 더 불어나지요. 이처럼 몸에 지방을 통통하게 쌓아 두어야 3개월간 아무것도 먹지 않은 채 버틸 수 있답니다.

반달가슴곰이 **겨울잠을 자는 곳**은 땅속에 판 흙굴이나 바위에 자연적으로 난 굴, 또는 나무줄기 안에 있는 구멍이에요. 굴을 찾지 못한 곰은 나무뿌리 주변의 흙바닥에서 잠을 자기도 한답니다.

겨울잠을 잘 때는 체온이 내려가고 숨도 느릿하게 쉬고 심장도 천천히 뛰어요. 에너지를 아주 조금씩만 쓰면서 버틸 수 있도록 몸에서 일어나는 움직임인 대사 작용을 최대한 느리게 만들었기 때문이에요.

짝짓기를 마친 암컷 곰은 겨울잠에 들기 전 임신해 잠을 자는 동안
새끼를 낳고 키워요. 사람 엄지손가락만 한 크기로 태어난
새끼들은 자고 있는 어미의 배에서 젖을 먹고, 따뜻한
품 안에서 함께 겨울을 나며 약 40센티미터 크기까지
무럭무럭 자라나요. 어미는 잠을 자는 동안에서 다리를
뻗어 새끼를 감싸거나 토닥토닥 두드려 준답니다.

반달가슴곰은 겨울잠을 자는 동안 아무것도 먹거나
마시지 않고 똥이나 오줌을 싸지도 않아요. 하지만
얕게 자면서 수상한 낌새를 느끼면 벌떡 일어나요.
굴 주변을 살피고 적이 없는지 확인한 다음
다시 잠에 든답니다.

열대지방에 사는 말레이곰과
느림보곰, 그리고 판다는
겨울잠을 자지 않아요!

겨울잠에 든 지 약 100~120일이 지난
2월 말에서 4월 초가 되면
반달가슴곰들이 긴 잠에서 깨어나요.
막 깨어난 반달가슴곰은 배 속에서
딱딱하게 굳은 똥을 한꺼번에
누느라 이틀에서 사흘을 싸요.
그다음에 가장 새로 돋은 신선한
싹과 개미, 풍뎅이 유충
같은 먹이를 먹고 힘을
얻는답니다.

곰은 어떻게 생태계를 지킬까요?

생태계는 숲, 산, 강, 바다 같은 환경과 그 안에 살고 있는 생물 모두를 통틀어 이르는 말이에요.
동식물은 서로 먹고 먹히는 먹이 사슬 또는 먹이 피라미드를 이루고 있지요.
곰은 먹이 피라미드에서 아주 중요한 역할을 하며 생태계를 지켜요.

최상위 포식자(=2차 소비자)는 먹이 사슬의 가장
위에 있는 생물이에요. 초식 동물과 육식 동물을 모두 잡아먹고,
자신은 아무에게도 먹히지 않지요. 1차 소비자인 초식 동물을
잡아먹는 동물이에요. 대부분 잡식 동물이나 육식 동물이지요.
2차 소비자가 최상위 포식자일 경우도 많답니다.

1차 소비자는 식물을 먹고 사는 초식 동물이에요.
초식 동물이 없는 생태계에서는 잡식 동물이
1차 소비자 역할을 하기도 하지요.

분해자는
죽은 동식물의
몸을 분해하는
영양분을 말해요.
곰팡이나 버섯이
분해자랍니다.

생산자는 식물을 말해요. 햇빛을 받아
광합성으로 영양분과 산소를 만들어 내지요.
식물의 몸에 저장된 햇빛 에너지가 먹이
피라미드의 모든 생물을 먹여 살린답니다.

반달가슴곰은 생태계에서 아주 큰 역할을
해요. 커다란 몸을 유지하기 위해 나무열매를
잔뜩 먹어요. 그 가운데 삼 분의 일은 소화되지
않고 원래 모습 그대로 똥으로 나와요. 이 똥
안에 들어 있던 씨앗들이 땅에 자리를 잡고
싹을 틔워 숲을 푸르게 만들지요.

우리나라에서는 반달가슴곰을 천연기념물로
지정해 보호하고 있어요. 반달가슴곰이
사는 곳의 환경도 함께 보호 받지요. 그래서
반달가슴곰이 많이 사는 곳은 갈수록
생태계가 풍요로워진답니다.

반달가슴곰처럼 한 종을 보존하면 다른
종까지 같이 풍성해지는 효과를 내는 종을
우산종이라고 해요. 우산을 펴면 우산
아래의 사람이나 동물이 비를 맞지 않는
것과 비슷하기 때문이지요.

곰을 만났어요! 어떻게 해야 하죠?

깊은 산속에서 곰과 마주치고 말았어요. 죽은 척을 해야 할까요? 날쌔게 뛰어 도망가야 할까요?
곰을 만났을 때 안전하게 피하는 방법을 알려 줄게요.

곰을 봤다고 **당황하거나
도망가지 마세요.** 아무렇지
않게 이야기를 나누거나
콧노래를 부르며 걸어가야 해요.
숨어 있는 곰은 대부분 사람을
그냥 보내 준답니다.

곰을 마주 보고
침착한 목소리로 말을 걸며
아주 조금씩 뒷걸음질 치세요.
절대 뛰어 도망가지 마세요.
곰은 도망가는 먹잇감을 달려
쫓는 습성이 있어요.

곰이 너무 가까이 왔다면 팔을
활짝 들고 **몸을 최대한 크게**
만드세요. 큰 소리를 내며 '싸울
준비가 되었다'고 곰에게 알려 주세요.
곰은 대부분 흥미를 잃고 숲으로
돌아간답니다.

곰 퇴치용 스프레이

곰을 쫓기 위해 1980년대에 개발되었어요. 고추의 매운맛을 내는 성분인 캡사이신을 포함하고 있어요. 캡사이신은 사람이나 동물의 피부와 눈, 코, 입을 자극해요. 이런 위험성 때문에 사람이나 반려동물을 향해 뿌리는 건 금지되어 있답니다. 아예 사용이 금지된 나라도 있어요. 숲이나 산에서 곰이 덤벼들 때만 쓰세요!

미국이나 캐나다 국립공원에는 곰 퇴치용 스프레이 대여소가 있어요

만일 곰이 덤벼든다면 곰 퇴치용 스프레이를 재빨리 뿌리는 것도 방법이에요. 이런, 스프레이 때문에 곰이 더 화났나요? 이젠 싸울 수밖에 없어요. 주변에 있는 나뭇가지나 등산용 지팡이를 들고 대항하세요. 이때 곰과 사이를 최대한 벌려야 해요. 무기도 없고 곰도 너무 가깝다면 주먹이나 팔꿈치, 무릎으로 곰의 코를 힘껏 치세요. 무슨 일이 있어도 달려서 도망가지 말아요. 곰은 정말정말 빨리 달리니까요!

곰이 사라지고 있어요

곰은 예전부터 사람들에게 매우 친숙한 동물이었어요. 산에서 곰을 만나 힘을 겨루거나, 마을을 찾아온 곰을 쫓아낸 설화가 세계 곳곳에 존재한답니다. 하지만 지금은 곰 대부분이 멸종 위기에 놓인 채 힘겹게 살아가고 있어요.

곰의 수가 줄어든 이유는 무엇일까요?

북극곰이 얼음을 잃고 있어요

북극곰이 살아가는 북극해는 커다란 얼음 덩어리가 둥둥 떠다니는 곳이에요. 북극곰은 이 얼음 위에서 사냥하고
가족을 만들고 새끼를 키우지요. 하지만 지금, 북극해의 얼음은 눈에 띄게 사라지고 있어요.

바다의 얼음이 녹는 이유는 **기후 변화**예요.
기후 변화는 지구의 기온이 높아져서
여러 가지 이상한 날씨 변화가 생기는 것을
말해요. 지구 기온은 지난 100년 동안
그 이전보다 두 배나 빠르게 올라갔답니다.

기후 변화 때문에 북극과 남극의 얼음이 녹고
있어요. 북극곰 같은 극지방의 동식물들은
살 곳과 먹이를 잃었지요. 또 얼음이 녹은
물이 넘쳐 다른 대륙의 해변이 바닷속에
잠기고 있어요.

기후 변화를 일으키는 가장 큰 이유는 석유나 석탄을 태울 때 나오는 이산화탄소예요. 지구를 덮어 마치 온실처럼 뜨겁게 만들기 때문에 온실가스라고도 불러요. 18~19세기에 영국에서 일어난 산업 혁명 이후 사람들은 기계를 움직이고 도시를 시원하거나 따뜻하게 유지하기 위해 아주 많은 양의 석탄과 석유를 태워 왔어요.

따뜻해진 바다에서 많은 수증기가 만들어져 태풍이 거세지고 바닷물에 녹아든 이산화탄소 때문에 산호가 죽는 것 역시 기후 변화로 일어난 일들이랍니다.

북극은 세계 평균보다 두 배 빠르게 기온이 높아지고 있어요. 이대로 계속 기후 변화가 이어진다면 2100년에는 **북극곰이 사라질지 모른다고** 생각하는 과학자들도 있어요.

중국은 왜 판다를 보호할까요?

중국의 야생에 사는 판다들은 모두 사람의 보살핌을 받고 있어요. 중국 정부는 중국에서 태어나 살고 있는 판다들뿐만 아니라, 전 세계 동물원의 판다를 모두 관리한답니다. 2,000마리가 넘는 판다를 일일이 보호하고 관찰하는 이유는 무엇일까요?

원래 판다는 4종이 있었어요.
그중 3종은 이미 멸종하고 대왕판다만 남았지요.
그런데 지금 대왕판다도 멸종 위기종이 되었답니다.
멸종 위기종은 생태계를 그대로 내버려 둘 경우
조만간 멸종할지도 모르는
생물 종을 말해요.

대왕판다가 멸종하고 있는 이유는 크게 세 가지예요

산이 사라져요

판다가 사는 곳은 사람의 발길이 닿기 힘든 깊은
산속이에요. 하지만 지난 몇십 년 동안 산을 무너뜨려
도로를 만들고 나무를 베어 낸 땅에 농사를 짓고 대나무
싹인 죽순을 잔뜩 캐 버리는 등 산을 망가뜨렸어요.
이 때문에 판다는 살 곳과 먹이를 잃게 되었지요.

지진이 일어났어요

2008년, 중국 쓰촨성에서 아주 무서운 지진이
발생했어요. 쓰촨성은 야생 판다가 가장 많이 사는
곳이에요. 그런데 지진 때문에 판다가 살 수 있는 땅의
사 분의 일이 사라져 버렸어요. 이때 살아 있던 야생
판다의 반 이상이 피해를 입었다고 해요.

먹을 것도 없어요

판다는 대나무를 먹어요. 대나무는 1,000종이 넘는데
이 중 판다가 먹을 수 있는 대나무는 25종이랍니다.
그런데 기후 변화 때문에 대나무가 자라는 지역이
바뀌고 있어요. 판다가 살고 있는 땅에서 먹이가
사라져 버릴지도 모르는 거예요.

불곰이 마을을 습격하는 이유는 무엇일까요?

산에 사는 불곰은 덩치가 크고 초식 동물을 잡아먹는 무서운 포식자예요. 오래전부터 불곰이 사람들의 마을을 덮치는 사고는 가끔씩 일어났지요. 그런데 요즘에는 도심까지 불곰들이 들어오고 있어요. 불곰은 왜 사람을 위협하는 존재가 되었을까요?

불곰이 살아가는 공간은 원래 사람이 살지 않는 산과 초원이에요. 자연을 개발하면서 불곰의 터전이 사람들이 움직이는 공간과 겹치게 되었지요. 예를 들어, 캐나다나 미국의 국립공원에는 관광객이 수없이 드나들어요. 아무리 불곰들이 사는 지역을 보호하더라도 사람과 불곰이 마주치는 일을 막을 수 없답니다.

도로나 마을 때문에 숲이 잘리면서 불곰의 서식지도 작은 지역으로 조각조각 나뉘었어요. 좁은 지역에서 먹이를 찾기는 쉽지 않아요. 그래서 불곰은 사람들이 사는 곳까지 내려와 쓰레기통을 뒤지곤 해요. 그러다가 잡혀 죽거나 차에 치이기 일쑤지요.

자연에 사는 불곰은 사람과 함께 살기 위해 노력하고 있어요. 캐나다의 과학자들은 41년 동안 캐나다에 사는 불곰 2,669마리를 관찰했어요. 그 결과 불곰들의 생활 습관이 바뀌고 있었답니다.

다 자란 수컷 불곰은 사람도 거뜬히 이기는 숲의 최상위 포식자예요. 낮에 돌아다녀도 안전하지만 몸집이 작은 암컷이나 아직 덜 자란 청소년 불곰들은 사람들과 마주치면 불리해요. 결국 불곰들은 사람들이 돌아다니지 않는 밤에 움직일 수 있도록 진화했답니다.

과학자들은 야생에 새로운 불곰이 많이 들어오면 이런 현상이 줄어들 거라고 생각해요. 또 조각난 서식지를 서로 연결해 불곰이 살 수 있을 만큼 충분히 넓은 땅을 만들어 주길 바라고 있어요.

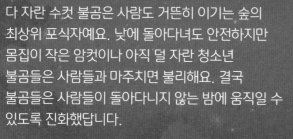

반달가슴곰은 집으로 돌아가고 싶어요

우리나라 자연에서 태어나 살아가는 반달가슴곰의 수는 무척 적어요. 야생 반달가슴곰의 수가 줄어든 이유는 무엇일까요?
사육장에 갇힌 곰들을 다시 자연으로 돌려보낼 수는 없을까요?

우리나라는 산이 땅의 70퍼센트를 차지해요.
그런데 산업과 경제가 발전하면서 산을 깎아
논과 마을을 만들고 아파트를 세웠어요.
나무를 베고 불을 때어 집을 따뜻하게
데우고 공장의 기계를 돌리기도 했어요.
도심에 있는 산들은 등산객과 가게들의
차지가 되었어요. 반달가슴곰이 살 집이
사라져 버린 거예요.

곰의 쓸개를 **웅담**이라고 해요.
웅은 곰, 담은 쓸개를 나타내는
한자어지요. 오래전부터 웅담은
약재료로 쓰였어요. 웅담을
먹으면 병에 걸리지 않고 오래
살 수 있다는 근거 없는 믿음이
퍼져 있었거든요.
일제강점기에 웅담을 찾는
사냥꾼들이 반달가슴곰을
마구잡이로 사냥하면서
야생에서 사는 반달가슴곰이
사라져 갔답니다.

갇힌 곰들의 눈물

우리나라에 반달가슴곰을 모아 놓고 웅담을 빼내는 사육장이 있다는 사실을 알고 있나요?

이곳에 갇힌 반달가슴곰들은 몸을 제대로 움직이기도 힘든 좁은 우리에 갇힌 채 평생 쓸개즙만 뺏기다가 결국 일찍 죽게 되지요.

최근에는 사육장을 탈출한 어린 곰들이 시내 한가운데서 사람들 손에 생명을 잃는 안타까운 사고도 발생했어요. 게다가 사육장에 사는 반달가슴곰은 우리나라 토종 반달가슴곰과 종류가 달라서 산에 풀어놓을 수가 없어요. 그래서 이들을 자유롭게 해 줄 방법을 계속 찾고 있지요.

반달가슴곰을 집으로 돌려보내요

우리나라 반달가슴곰은 일제강점기와 산업 발전을 거치면서 겨우 10마리 남짓 남았어요.
이대로 두면 모두 사라져 버릴 거예요. 국립공원공단 종복원기술원에서는 2004년부터 반달가슴곰 복원을 시작했어요.
쉽게 말해서 반달가슴곰을 다시 우리나라의 자연에 풀어 스스로 살 수 있도록 돕는 거랍니다.

반달가슴곰이 사람을 피하고 스스로 살아가는 훈련을 마치면 지리산으로 풀어 줘요. 이제 자연에 적응해 자신의 힘만으로 살아가야 하지요.

복원하는 사람들은 우선 반달가슴곰과 같은 종류인 러시아와 중국의 반달가슴곰을 데려왔어요. 그리고 지리산의 환경과 같게 만든 훈련장에서 자연으로 돌아갈 수 있도록 훈련을 시켰지요.

반달가슴곰이 산에 적응하는지 알아보려면 계속 관찰해야 해요. 그래서 방사한 곰에게는 하나하나 번호로 이름을 붙이고, 언제 어디서든 신호를 보낼 수 있는 작은 기계를 붙여 줘요. 곰들이 보내는 신호를 보면 어느 곰이 어디서 어떻게 살아가고 있는지 바로 알 수 있답니다.

2021년 5월 말 기준으로 지리산에 살고 있는 반달가슴곰은 74마리예요. 2021년에만 새끼 6마리가 자연에서 탄생하기도 했지요. 반달가슴곰 복원이 잘 이루어지고 있다는 이야기랍니다.

방사한 반달가슴곰이 모두 자연에 적응하는 건 아니에요. 홀로 살아가기 힘겨워 죽거나 사람에게 무작정 돌아오려는 친구들도 있답니다. 전라남도 구례에 있는 종복원기술원 생태 학습장에는 10마리가 넘는 반달가슴곰이 있어요. 훈련을 제대로 마치지 못했거나, 산에 적응하지 못하고 돌아온 친구들이에요. 이 친구들은 언젠가 자연으로 돌아갈 수 있도록 치료를 받고 다시 새로운 훈련에 들어간답니다.

우리는 곰을 위해 무엇을 할 수 있을까요?

북극곰, 대왕판다, 불곰, 반달가슴곰 말고도 멸종 위기에 처한 곰들은 많아요. 열대우림이 사라지면서 그곳에 살던 말레이곰이나 안경곰의 수도 많이 줄었어요. 느림보곰과 아메리카흑곰 역시 자연을 개발하면서 살 곳을 잃고 있답니다. 곰이 자연에서 행복하게 살 수 있도록 우리가 나서야 할 때예요.

곰이 사는 곳에 함부로 들어가지 마세요.
곰을 자극하지 않으면 곰도 인간을 해치지 않아요. 동식물은 자연 그대로 살 수 있도록 내버려 두세요.

산에 방사된 반달가슴곰은 사람과 함께 살던 시절을 기억하고 있어요. 그래서 사람에게 친근하게 다가오기도 한답니다. 하지만 **절대 먹이를 주거나 가까이 하지 마세요.** 곰이 자신의 힘으로 살 수 있도록 해 주세요.

46

사육장 곰의 이야기를 널리 알려요

학교에서 서명 운동을 벌이거나, 사육장을 없애기 위해 노력하는 활동가들을 후원하는 것도 좋아요.

쓰레기를 줄여요

갖고 있는 물건을 오랫동안 소중하게 사용하고 가능한 한 쓰레기를 만들지 않도록 해요.

대중교통을 이용해요

가까운 거리는 걷거나 자전거를 타도록 해요.

기후 변화를 막기 위해 노력해요

이산화탄소를 내뿜는 석탄이나 석유 대신 태양열이나 풍력, 수력 같은 대체 에너지를 더 많이 사용해요.

자연을 더럽히지 말아요

가로수나 화단, 그곳에 사는 동식물을 모두 소중히 여기고 가꾸어 가요. 산이나 바다에 여행 갔을 때는 절대 쓰레기를 버리거나 불장난을 하지 말고 자연이 원래 모습을 그대로 유지하도록 해 주세요.

곰을 지켜 주세요

지금도 사람들은 다양한 곰 캐릭터를 사랑하지요. 하지만 이대로 자연을 망가뜨리고
사람이 편하게 살기만 바라다가는 이야기나 그림 속에만 곰을 남겨 두게 될지도
몰라요. 곰이 자연 속에서 편안하게 살 수 있게 해 주세요. 자연에 사는 다양한 곰을
볼 수 있게 여러분이 직접 곰을 지켜 주세요.

그리고 기억해 주세요.
곰을 지키는 일은 생태계, 더 나아가서
우리가 사는 지구를 지키는 일과 같다는 걸요.